AF452173

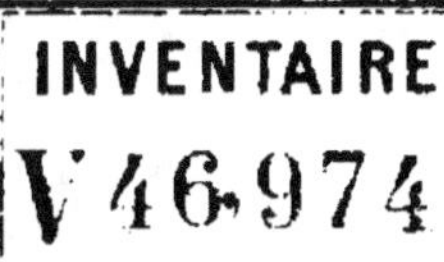

MANUEL

DU COLLECTIONNEUR

DE TIMBRES-POSTE

OU

Nomenclature générale de tous les timbres adoptés
dans les divers pays de l'univers,

PAR

J.-B. MOENS.

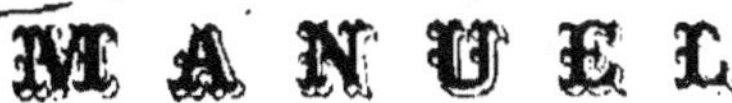

BRUXELLES,

MOENS, LIBRAIRE-EXPERT, GALERIE BORTIER, 7.

1862

MANUEL

DU

COLLECTIONNEUR DE TIMBRES-POSTE.

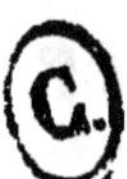

Bruxelles. — Imp. de M. J. Poot, Vieille-Halle-an-Blé, 31.

MANUEL
DU COLLECTIONNEUR
DE TIMBRES-POSTE

Nomenclature générale de tous les timbres adoptés dans les divers pays de l'univers,

PAR

J.-B. MOENS.

BRUXELLES,

MOENS, LIBRAIRE-EXPERT, GALERIE BORTIER, 7.

—

1862

INTRODUCTION.

Reconnaissant l'avantage qu'aurait le collectionneur de timbres-poste d'être fixé immédiatement sur la quantité des timbres créés dans ses divers pays qui en font usage, et afin de faciliter les recherches, j'ai rédigé d'après des renseignements certains, ce manuel dont je puis garantir la parfaite exactitude.

Un avis du 4 juin dernier en annonçait la prochaine publication ; les renseignements ayant tardés à me parvenir, ce n'est qu'aujourd'hui que j'ai le plaisir de le soumettre à la bienveillance des collectionneurs.

Pour plus de facilité, j'en ai fait le classement par ordre alphabétique de chaque partie du monde.

Si, comme je l'espère, cette première édition est honorée d'un accueil favorable, je publierai dans la deuxième, les quelques renseignements que j'attends encore et les différents timbres qui pourraient être créés dans l'intervalle.

Les correspondants que j'ai à l'étranger, me permettent de fournir continuellement la généralité de tous ces timbres. Le collectionneur qui désirerait s'en procurer, peut donc s'adresser à moi en toute confiance.

J.-B. MOENS.

Bruxelles, janvier 1862.

ABRÉVIATIONS.

Car.	Carré.
Coul.	Couleur.
Dentel.	Dentelé.
Envel.	Enveloppe.
Gr.	Grand.
Imp.	Impression.
Obl.	Oblong.
Octog.	Octogone.
Ova.	Ovale.
Pet.	Petit.
Rect.	Rectangulaire.

Le mot *Nom :* signifie que la désignation du pays se trouve renseignée sur le timbre.

Les timbres actuellement en usage sont précédés de l'année 1862.

EUROPE.

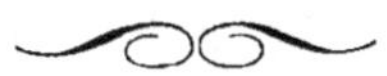

ALLEMAGNE

États du Nord.

Hesse - Électorale, Lippe - Detmold (*Principauté de*), Lippe-Schauenbourg (*Principauté de*), Mecklembourg-Strélitz (*Gr. duché de*), Reuss-Greitz (*Principauté de*), Reuss-Lobenstein - Ebersdorf (*Principauté de*), Reuss-Schleitz (*Principauté de*), Saxe-Altenbourg (*Duché de*), Saxe-Weimar (*Gr. duché de*), Schwarzbourg-Rudolstadt (*Principauté de*), Schwarzbourg-Sondershausen (*Principauté de*).

DESSERVIS PAR L'OFFICE DE TOUR ET TAXIS.

1° Timbres.

1850. — *Chiffre indiquant leur valeur, imp. noire sur papier coul. car.*

1 4 sil. fauve, 1 3 sil. chair, 1/2 sil. bleu clair, 1 sil. bleu, 2 sil. rose, 3 sil. jaune.

NOTA. — Le 1 sil. est d'une nuance fort variée.

1860-1862. — *Timbres semblables, imp. couleur sur papier blanc, car.*

1/4 sil. rouille, 1/3 sil., 1/2 sil. vert, 1 sil. bleu ciel, 2 sil. rose, 3 sil. rouge, 5 sil. lilas, 10 sil. vermillon.

2° Enveloppes.

1861-1862. — *Nom de l'office, chiffre blanc à relief indiquant leur valeur, ova.*

1 2 sil. orange, 1 sil. rose, 2 sil. bleu, 3 sil. bistre.

ÉTATS DU SUD.

Francfort-sur-Mein (*Ville libre de*), Hesse-Hombourg (*Landgraviat de*), Hesse-Darmstadt (*Gr. duché de*), Hohenzollern-Hechingen (*Principauté de*), Hohenzollern-Sigmaringen (*Principauté de*), Nassau (*Duché de*), Saxe-Cobourg (*Duché de*), Saxe-Meiningen-Hild-Bourghausen (*Duché de*).

DESSERVIS PAR L'OFFICE DE TOUR ET TAXIS.

1° Timbres.

1850. — *Chiffre indiquant leur valeur, imp. noire sur papier coul., car.*

1 kreuzer vert clair, 3 k. bleu, 6 k. rose, 9 k. jaune.

Nota. — Le 3 kr. est d'une nuance très-variée.

1860-1862. — *Timbres semblables, imp. coul. sur papier blanc, car.*

1 kreuzer vert clair, 3 k. bleu, 6 k. rose, 9 k. jaune, 15 k. lilas, 30 k. vermillon.

2° Enveloppes.

1861-1862. — *Nom de l'office, chiffre blanc à relief indiquant leur valeur, octog.*

2 kreuzer orange, 3 k. rose, 6 k. bleu, 9 k. bistre.

AUTRICHE (Empire d').

1° Timbres.

1er Juin 1850. — *Armoiries, imp. coul., rect.*

1 kreuzer jaune, 2 k. noir, 3 k. rouge, 6 k. brun, 9 k. bleu.

1er Novembre 1858. — *Effigie de l'empereur, à relief, et regardant à gauche, imp. coul., rect., dentel.*

2 kreuzer jaune, 3 k. noir, 5 k. rouge, 10 k. brun, 15 k. bleu, 25 k. brun foncé.

» — *Timbre semblable.*

3 kreuzer vert.

15 Janvier 1861-1862. — *Effigie de l'empereur, à relief, et regardant à droite, imp: coul., ova., dentel.*

2 kreuzer jaune, 3 k. vert, 5 k. rouge, 10 k. brun, 15 k. bleu.

2° Timbres de retour.

1er Novembre 1852. — *Croix de Saint-André sur fond de couleur, rect., dentel.*

Jaune, noir, rouge, brun, bleu, vert.

15 Janvier 1861-1862. — *Timbres semblables sur fond blanc, rect., dentel.*

Jaune, vert, rouge, brun, bleu.

3° Timbres de journaux.

(Exclusivement pour les journaux de l'intérieur.)

» — *Zeitungs-Stampel. Tête de mercure, imp. coul., car.*
Jaune, rose.

1857. — *Timbre semblable.*

Bleu.

1er Novembre 1858. — *Effigie de l'empereur, à relief, et regardant à gauche, imp. coul., rect.*
Bleu, lilas.

15 Janvier 1861-1862. — *Timbre semblable regardant à droite, imp. coul., rect.*

Lilas.

» — *Armoiries, imp. coul., car. (pour les journaux de l'extérieur).*

1 kreuzer noir, 2 k. rouge, 4 k. rouge, 1 k. bleu, 2 k. brun, 2 k. vert, 4 k. brun.

4° Enveloppes.

15 Janvier 1861 - 1862. — *Semblables aux timbres rectangulaires de la même émission.*

3 kreuzer vert, 5 k. rouge, 10 k. brun rouge, 15 k. bleu, 20 k. orange, 25 k. brun foncé, 30 k. violet, 35 k. brun clair.

BADE (Grand-duché de).

1° Timbres.

1850. — *Nom, chiffre indiquant leur valeur, imp. noire, car.*

1 kreuzer chamois, 3 k. jaune, 6 k. vert, 9 k. blanc.

1855. — *Timbres semblables.*

1 kreuzer blanc, 3 k. vert, 6 k. jaune, 9 k. rose.

1859. — *Timbre semblable.*

3 kreuzer bleu.

1860-1862. — *Nom, armoiries, imp. coul., car., dentel.*

1 kreuzer noir, 3 k. bleu, 6 k. orange, 9 k. rose.

2° Enveloppes.

1857-1862. — *Effigie du grand-duc, à relief, et regardant à droite, ova.*

3 kreuzer bleu, 6 k. jaune, 9 k. rose, 12 k. bistre, 18 k. rouge brique.

BAVIÈRE (Royaume de).

» — *Nom, chiffre dans un carré indiquant la valeur du timbre, imp. noire, car.*

1 kreuzer blanc, 3 k. bleu, 6 k. violet, 9 k. rouge.

1851-1862. — *Nom, dans un cercle indiquant la valeur du timbre, imp. coul., car.*

1 kreuzer rose, 3 k. bleu, 6 k. marron, 9 k. vert, 18 k. jaune.

1858-1862. — *Timbres semblables.*
12 kreuzer rouge.

BELGIQUE (Royaume de).

Loi, 24 Décembre 1847. *Créé — en circulation le 27 Juin 1849, à l'effigie du roi regardant à droite, sans enca-drement, imp. coul., rect.*
10 cent. noir, 20 cent. bleu.

Loi, 22 Août 1849. *Créé — en circulation le 31 Juillet 1850-1862, même type avec encadrement, imp. coul., rect.*
40 cent. rouge.

10 Août 1850-1862. —*Adoption de types uniformes, imp. coul., rect.*
10 cent. noir, 20 cent. bleu.

Loi, 23 Mars 1861. *Créé — en circulation le 1er Juin 1861-1862, même type, imp. coul., rect.*
1 cent. vert.

BERGEDORF (Ville de).

Dépendant de la ville libre de Hambourg.

1861-1862. — *Nom, armoiries, imp. noire sur papier coul., car.*
1/2 sch. bleu, 1 sch. blanc, 1 1/2 sch. jaune, 3 sch. rose imp. bleue, 4 sch. fauve.
Nota.—La dimension des timbres augmente avec leur valeur.

BRÊME (Ville libre de).

1° Timbres.

1855-1862. — *Nom, armoiries, imp. noire, rect.*
Stadtpostamt : 3 grote bleu (pour la ville de Brême)
5 gr. rose.

» — 1862. — *Nom, armoiries.*

5 sgr. vert.

» — 1861-1862. — *Armoiries.*

7 grote jaune.

2° Enveloppes.

» — 1862. — *Nom, frappée avec un timbre à main,*
armoiries sans valeur indiquée.

Stadtpostamt (pour la ville de Brême).

NOTA. — La valeur est de 1 grote.

BRUNSWICK (Duché de).

1° Timbres.

Janvier 1852. — *Nom, armoiries, imp. coul., obl.*

1 sil. rose, 2 sil. bleu, 3 sil. vermillon.

1854. — *Nom, armoiries, imp. noire, obl.*

1/4 sil. cachou.

1854-1862. — *Nom, armoiries, imp. noire, obl.*

1/3 sil. blanc, 1 sil. orange, 2 sil. bleu foncé, 3 sil. rose.

» — 1862. — *Armoiries, imp. noire, car.*

1/4 cachou.

2° Enveloppes.

Frappée avec un timbre à main.

Stadtpost-Freimarke (pour la ville de Brunswick).

» — 1862. — *Armoiries blanches, à relief, imp. coul., ova.*

1 sil. jaune, 2 sil. bleu, 3 sil. rose.

DANEMARK (Royaume de).

1853. — *Valeur dans un encadrement, imp. coul., car.*

2 ringsbank skilling, bleu (pour la ville de Copen-
hague).

1851. — *Armoiries, imp. coul., fond sablé, car.*

4 ringsbank, sk. brun.

NOTA. — Cette nuance est très-variée.

» — 1862. — *Timbres semblables, fond sablé et les mêmes ondulés, car.*

2 sk. bleu, 4 sk. brun, 8 sk. vert, 16 sk. lilas.

1861-1862. — *Timbre semblable, dentel.*

3 sk. bleu.

NOTA. — Ces derniers diffèrent du 4 ri. sk. de 1851 en ce qu'ils ont les lettres F R M à droite et K G L à gauche.

Le timbre de 4 sk. est d'une nuance très-variée.

SCHLESWIG-HOLSTEIN (Duchés de).

1848. — *Nom, armoiries blanches, à relief, imp. coul., rectangulaire.*

1 sch. bleu, 2 sch. rose.

NOTA. — Ces timbres n'ont existé que peu de temps ; on y emploie actuellement ceux de Danemark.

DEUX-SICILES (Royaume des).

(Voir Royaume d'Italie)

NAPLES.

1857. — *Nom, armoiries, imp. coul., lie de vin, les 3 premiers car., les autres rect.*

1/2 grano, 1 gr., 2 gr., 5 gr., 10 gr., 20 gr., 50 gr.

NOTA. — Chaque timbre a les armoiries encadrées différemment.

GOUVERNEMENT PROVISOIRE.

Octob. 1860.— *Nom, mêmes armoiries que les précédents, imp. coul., car.*

1 2 tornèse bleu.

Novembre 1860.—*Nom (croix de Savoie), imp. coul., car.*

1/2 tornèse bleu.

SICILE.

1859.—Effigie du roi Ferdinand II regardant à gauche,
imp. coul., rect. -

1 2 gr. orange, 1 gr. brun olive, 2 gr. bleu clair, 5 gr.
vermillon, 10 gr. bleu foncé, 20 gr. noir bleuté, 50 gr.
rouge brique.

ESPAGNE (Royaume d').

» — *Armoiries (ours montant sur un arbre), bronzés,*
rectangulaires.

1, 2, 3 cuartos.

1850.—Effigie de la reine regardant à gauche, millésime
indiqué, imp. coul., rect.

6 cuartos noir, 5 réals rouge, 6 r. bleu, 10 r. vert.
12 c. violet (*regardant à droite*).

1851. — *Mêmes timbres regardant à droite.*

6 cuartos noir, 12 c. violet, 2 réals rouge, 5 r. rose,
6 r. bleu, 10 r. bleu.

1852. — *Mêmes timbres regardant à gauche.*

6 cuartos rose, 12 c. violet, 2 réals rouge, 5 r. vert,
6 r. bleu clair.

1853. — *Mêmes timbres regardant à droite.*

6 cuartos rouge, 12 c. violet, 2 réals rose, 5 r. vert,
6 r. bleu.

1854. — *Armoiries royales, millésime indiqué, imp.*
coul., rect.

4 cuartos rouge, 6 c. rouge, 1 réal noir, 5 r. vert.

» — *Mêmes timbres sans millésime.*

2 cuartos vert, 2 r. rouge.

1855. — *Effigie de la reine regardant à droite, dans un*
encadrement rond, papier bleuté, imp. coul., rect.

2 cuartos vert, 4 c. rouge violet, 1 réal bleu, 2 r. brun.

1856. — Mêmes timbres sur papier vergé blanc.

2 cuartos vert, 4 c. rose, 1 réal bleu, 2 r. brun.

1857. — Mêmes timbres, papier mécanique blanc.

2 cuartos vert, 4 c. rose, 1 réal bleu, 2 r. brun.

1er Mars 1860-1862. — *Effigie de la reine regardant à gauche, dans un encadrement rond, imp. coul., rect.*

2 cuartos vert, 4 c. jaune, 12 c. rouge, 1 réal bleu, 2 r. lilas.

1861-1862. — Timbre semblable.

19 cuartos brun.

CORREO OFFICIAL.

TIMBRES DE JOURNAUX.

1854. — Armoiries royales, millésime indiqué, imp. noire sur papier coul., rect.

1/2 onza orange, 1 on. rose, 4 on. vert, 1 libra bleu pensé.

1855-1862. — Armoiries royales sans millésime, imp. noire sur papier coul., ova.

1/2 onza orange, 1 on. rose, 4 on. vert, 1 libra bleu pensée.

ÉTATS DE L'ÉGLISE.

» — 1862. — *Armoiries, imp. noire excepté les deux derniers, imp. coul.*

1/2 baj. (ovale) violet, 1 b. (ovale) vert d'eau, 2 b. (oblong) vert, 3 b. (ovale) paille, 4 b. (rond) jaune, 5 b. (rect.) rose, 6 b. (octogone) gris, 7 b. (octogone) bleu, 8 b. (octogone) blanc, 50 b. (oblong) bleu, 1 scudo (obl.) vermillon.

FRANÇAIS (Empire).

RÉPUBLIQUE.

Nom, effigie de la Répub., imp. coul., rect.

1er Janvier 1849, 20 cent. noir.	1er Juillet 1850, 25 cent. bleu.
Août 1849, 1 fr. carmin.	23 id. 1850, 15 cent. vert.
Décembre 1849, 40 cent. vermill.	12 Sept. 1860, 10 cent. jaune.

NOTA. — D'après la loi du 22 Mai 1850, il devait être créé des timbres de 50 cent.; mais l'émission de ces timbres n'a pas eu lieu.

PRÉSIDENCE.

Nom, effigie du président, imp. coul., rect.

12 Août 1852, 25 cent. bleu.	Septembre 1852, 25 cent. jaune.

NOTA. — On peut reconnaître ces timbres à la lettre *B*, nom du graveur qui se trouve sous l'effigie.

EMPIRE.

Nom, effigie de l'empereur, imp. coul., rect.

Août 1855-1862, 10 cent jaune.	Oct. 1854-1862, 80 c. carm. foncé.
17 » 1 fr. carmin.	4 Nov. 1854-1862, 5 cent. vert.
8 Sept. » 1862, 40 cent. vermill.	» 1860-1862, 80 c. carm. cla.
5 Nov. » 25 cent. bleu.	1er » 1860-1862, 1 cent. vert
1er Juil. 1854-1862, 20 cent. bleu.	olive.

1862. — *Timbre semblable dentel.*

1 cent. vert olive.

CHIFFRE TAXE.

1er Janvier 1859-1862. — *Imp. noire, car.*

10 cent.

NOTA. — Ce timbre est employé pour les lettres dont l'affranchissement est insuffisant.

COLONIES FRANÇAISES

MOINS LA NOUVELLE CALÉDONIE.

1er Janvier 1860-1862. — *Nom, aigle couronné, imp. coul., car.*
10 cent. jaune, 40 cent. vermillon.

GRANDE-BRETAGNE (Royaume de la).

1° Timbres.

10 Janvier 1840. — *Effigie de la reine, imp. coul., rect.*
1 penny noir.

» — *Timbres semblables sur papier blanc et bleuté.*
1 penny rouge brique, 2 p. bleu.

» — *Effigie de la reine, à relief, imp. coul., octog.*
6 pence violet, 10 p. brun, 1 sch. vert.

» — 1862. — *Effigie de la reine, imp. coul., rect., dentel.*
1 penny rouge brique, 2 p. bleu, 4 p. rose, 6 p. lilas,
1 sch. vert.

Nota. — Le 1 et 2 pence varient de nuances, le 4 p. et 1 sch.
sont sur papier glacé.

» — 1862. — *Timbres semblables.*
4 p. vermillon, 9 p. jaune.

2° Enveloppes.

1840. — *Avec vignettes sur toute l'enveloppe, imp. coul.*
1 penny noir, 2 p. bleu.

» — *Effigie de la reine, à relief, et regardant à gauche,
ovale.*
1 penny rose, 2 p. bleu.

» — 1862. — *Timbres semblables, millésime indiqué, ovale.*

1 penny rose, 2 p. bleu, 3 p. rouge, 4 p. vermillon, 6 p. violet, 1 sch. vert.

NOTA. — Le 6 pence et 1 sch. sont octog.

Offices particuliers.

SMITH ELDER ET Cie. — ENVELOPPES.

» — 1862. — *Effigie de la reine, mêmes timbres que ceux du gouvernement avec grand encadrement en plus.*

1 penny rose, 2 p. bleu, 3 p. rouge, 4 p. vermillon, 6 p. violet, 1 sch. vert.

GRÈCE (Royaume de).

Octobre 1861-1862. — *Nom, mercure regardant à droite, imp. coul. sur papier blanc, excepté le 10 et 40 sur papier bleuté, rect.*

1 lepton marron, 2 l. bistre, 5 l. vert, 10 l. brique, 20 l. bleu, 40 l. rouge violet, 80 l. rouge.

HAMBOURG (Ville libre de).

Janvier 1859-1862. — *Nom, chiffres indiquant leur valeur, imp. coul., rect.*

1/2 sch. noir, 1 sch. brun, 2 sch. rouge, 3 sch. bleu, 4 sch. vert, 7 sch. vermillon, 9 sch. jaune.

NOTA. — Ces timbres ne s'emploient que pour la Hollande, l'Angleterre et les pays d'outre-mer.

Il existe en outre 6 différents offices postaux : 1º celui de Tour et Taxis, se chargeant de la correspondance pour la Belgique, la France, l'Italie, l'Espagne, la Suisse et les villes du Sud de l'Allemagne ; 2º celui de la Prusse royale pour la Prusse, la Pologne et la Russie ; 3º celui du Danemark ; 4º de Suède et Norwége ; 5º de Hanovre ; 6º de Mecklembourg. Chacun de ces offices a ses propres timbres et n'admet pas ceux des autres dans sa circonscription.

HANOVRE (Royaume de).

1° Timbres.

» — *Nom, chiffre entouré d'armoiries indiquant la valeur, imp. noire sur papier coul., rect.*

1 gut. bleu, 1/30 th. rouge, 1/15 th. bleu, 1/10 th. orange.

» — *Timbre semblable.*

1 gut. vert.

NOTA. — Le 1/30 est d'une nuance très-variée.

» — *Timbres semblables, burelés en couleur, imp. noire sur papier blanc, rect.*

1 gut. vert, 1/30 th. rouge, 1/15 th. bleu, 1/10 th. orange, 3 pf. rose burelé noir.

» — *1860-1862. — Nom, imp. coul. sur papier blanc, rectangulaire.*

3 ff. rose, 1/2 gr. noir (cor de chasse).

» — *Nom, effigie du roi regardant à gauche, imp. coul., rect.*

1 gr. rose, 2 gr. bleu, 3 gr. jaune, 10 gr. vert.

» — *1862.* — 1 gr. rouge foncé, 2 gr. bleu foncé, 3 gr. brun foncé.

2° Enveloppes.

» — *Nom, effigie blanche du roi, à relief, regardant à gauche, ovale.*

1 guteng vert, 1 silb. rose, 2 silb. bleu, 3 silb. jaune.

» — *1862. — Timbres semblables, ovale.*

1 groschen rose, 2 gr. bleu, 3 gr. jaune.

» — *1862. — Cor de chasse, surmonté d'un trefle, à relief, sans indication de valeur papier jaune, ronde.*

Bestellgeld frei (pour la ville de Hanovre).

IONIENNES (République des îles)

Sous la protection de l'Angleterre.

1860-1862.—*Nom, effigie de la reine Victoria, regardant à gauche, imp. coul. sans désignation de valeur, rect.*
Rouge, bleu, jaune.

NOTA. — La valeur du timbre rouge est de 4 oboles, du bleu de 2 oboles, du jaune de 1 obole.

ITALIE (Royaume d').

1851.—*Effigie du roi regardant à droite, avec inscriptions blanches, imp. coul., rect.*
5 cent. noir, 20 cent. bleu, 40 cent. rose.

1852. — *Effigie du roi regardant à droite, à relief, sur papier coul., rect.*
5 cent. vert, 20 cent. bleu, 40 cent. rose.

1855. — *Effigie du roi regardant à droite et inscriptions à relief, avec grand encadrement de couleur, rect.*
5 cent. vert, 20 cent. bleu, 40 cent. rouge.

1856-1862. — *Effigie du roi regardant à droite, à relief, inscription et centre blancs, rect.*
5 cent. vert, 20 cent. bleu, 40 cent. rouge.

1858-1862. — *Mêmes types.*
10 cent. bistre, 80 cent. jaune.

NOTA. — Leurs couleurs varient beaucoup.

1861-1862. — *Même type.*
3 lire doré.

TIMBRES DE JOURNAUX.

1861-1862. — *Chiffre blanc, à relief, indiquant la valeur
du timbre, imp. noire, rect.*

Giornali stampe, 1 cent., 2 cent.

Nota. — Les provinces annexées à ce royaume emploient actuellement les timbres de Sardaigne ; les provinces napolitaines
seules emploient les timbres suivants :

1861-1862. — *Effigie blanche du roi d'Italie regardant à
droite, à relief, imp. coul., rect.*

1/2 tornèse vert, 1/2 grano bistre, 1 gr. noir, 2 gr.
bleu, 5 gr. rouge, 10 gr. jaune, 20 gr. citron, 50 gr. gris
perle.

LOMBARDIE et VÉNÉTIE.

1er Juin 1850. — *Armoiries, imp. coul., rect.*

5 cent. jaune, 10 cent. noir, 15 cent. rouge, 30 cent.
brun, 45 cent. bleu.

1er Novembre 1858. — *Effigie de l'empereur, à relief et
regardant à gauche, imp. coul., dentel., rect.*

2 soldi jaune, 3 s. noir, 5 s. rouge, 10 s. brun, 15 s.
bleu.

15 Janvier 1861-1862. — *Effigie de l'empereur, à relief
et regardant à droite, imp. coul., dentel., rect.*

2 soldi jaune, 3 s. vert, 5 s. rouge, 10 s. rouge brun,
15 s. bleu.

2° Enveloppes.

15 Janvier 1861-1862. — *Semblables aux timbres rectangulaires de même émission.*

3 soldi vert, 5 s. rouge, 10 s. rouge brun, 15 s. bleu,
20 s. orange, 25 s. brun foncé, 30 s. violet, 35 s. brun
clair.

Nota. — La Vénétie seule emploie encore ces timbres ; la Lom-
bardie, depuis 1859, emploie les timbres du royaume d'Italie.

LUBEK (Ville de).

1ᵉʳ Janvier 1859-1862. — *Nom, armoiries, imp. coul., rectangulaire.*

1/2 sch. violet, 1 s. jaune, 2 s. brun, 2 1/2 s. rouge, 4 s. vert.

LUXEMBOURG (Grand-duché de).

13 Septembre 1852. — *Effigie du grand-duc regardant à gauche, imp. coul., rect.*

10 cent. noir, 1 silb. rouge.

1ᵉʳ Octobre 1859-1862. — *Nom, armoiries, imp. coul., rect.*

10 cent. bleu, 12 1/2 cent. rose, 25 cent. marron, 30 c. violet, 37 1/2 cent. vert, 40 cent. vermillon.

Décembre 1860-1862. — *Mêmes types.*

2 cent. noir, 4 cent. jaune.

Nota. — Les timbres de 12 1/2, 25, 37 1/2 servent pour l'Allemagne.

MALTE (île de).

(Possession anglaise).

1861-1862. — *Nom, effigie de la reine regardant à gauche, imp. coul. sur papier glacé, rect., dentel.*

1/2 p. jaune.

Nota. — On y emploie également les mêmes timbres qu'en Angleterre, 1, 2, 4, 6 pence et 1 sch.

MECKLEMBOURG-SCHWÉRIN (Grand-duché de).

1º Timbres.

» 1862. — *Nom, armoiries, imp. coul., car.*

4/4 sch. rouge, 3 sch. jaune, 5 sch. bleu.

2° Enveloppes.

» — *1862. — Nom, armoiries à relief et ovales.*
1 sch. rouge, 1 1 2 sch. vert, 3 sch. jaune, 5 sch. bleu.

MODÈNE (Duché de).

(Voir Royaume d'Italie).

»—*Armoiries (aigles), imp. noire sur papier coul., rect.*
9 cent. B. G. violet, 15 cent. violet.

» — *Mêmes types.*

5 cent. vert, 10 cent. rose, 15 cent. jaune, 25 cent. paille, 40 cent. bleu, 1 lira blanc.

GOUVERNEMENT PROVISOIRE.

1859. — Nom, armoiries (croix de Savoie), imp. coul., rectangulaires.

5 cent. vert, 15 cent. noir, 20 cent. lilas, 40 cent. rose, 80 cent. orange.

MOLDAVIE (Principauté de).

» — *1862. — Armoiries rect. frappées en couleur avec un timbre à main.*
5 para noir, 40 p. bleu, 62 p. vert, 80 p. rouge.

OLDENBOURG (Grand-duché d').

1° Timbres.

1852. — Nom, chiffres indiquant la valeur entourés d'armoiries, imp. noire, rect.

1/3 silb. vert, 1/30 th. bleu, 1/15 th. rose, 1/10 th. jaune.

1860. — *Nom, armoiries, imp. noire, rect.*

1,5 silb. vert, 1 gr. bleu, 2 gr. rose, 3 gr. jaune.

1861-1862. — *Nom, armoiries, imp. coul. sur papier blanc, rect.*

1/4 gr. jaune, 1/3 gr. vert, 1 2 gr. marron, 1 gr. bleu, 2 gr. rouge, 3 gr. citron.

2° Enveloppes.

1861-1862. — *Nom, armoiries blanches à relief, ovales.*

1/2 gr. marron, 1 gr. bleu, 2 gr. rose, 3 gr. jaune.

PARME (Duché de).

(Voir Royaume d'Italie).

» — *Nom, armoiries (grand écusson), imp. coul. sur papier blanc, rect.*

5 cent. orange, 15 cent. rouge, 25 cent. violet.

» — *Mêmes types, imprimés en noir sur papier coul.*

5 cent. jaune, 10 cent. gris et noir, 15 cent. rose, 25 cent. brun, 40 cent. bleu.

1857. — *Nom (Stati Parmensi), imp. noire, rectangul., encadrement octog.*

9 centesimi bleu (pour la ville de Parme).

1857. — *Armoiries, petit écusson avec cette inscription au haut : Duc. di Parma Piac. ecc., rect.*

25 cent. brun, 40 cent. bleu.

1858. — *Nom (Stati Parmensi), imp. noire, rectangul., encadrement octog.*

6 centesimi carmin (pour la ville de Parme).

1859. — *Armoiries, petit écusson semblables aux 25 et 40 cent. plus haut.*

15 cent. vermillon.

GOUVERNEMENT PROVISOIRE.

1859. — *Nom, indication de la valeur, imp. coul., rect., encadrement octog.*

5 cent. vert, 10 cent. brun, 20 cent. bleu, 40 cent. vermillon, 80 cent. jaune.

PAYS-BAS (Royaume des)

1er Janvier 1852-1862. — *Effigie du roi regardant à droite, imp. coul., rect.*

5 cents bleu, 10 cents rouge, 15 cents orange.

PORTUGAL (Royaume de).

» — *Effigie blanche à relief de la reine Dona Maria II regardant à gauche, imp. coul. de différentes formes.*

6 reis brun, 25 reis bleu, 50 reis vert et 100 reis lilas.

» — *Timbres semblables à l'effigie de Don Pedro I regardant à droite.*

5 reis brun, 25 reis bleu, 50 reis vert, 100 reis lilas.

1858-1862. — *Même type.*

25 reis rose.

Nota. — Excepté le timbre bleu de 25 reis, tous ceux à l'effigie de Don Pedro sont actuellement encore en usage.

PRUSSE (Royaume de).

1° Timbres.

» — *Effigie du roi Frédéric-Guillaume IV regardant à droite, imp. coul. sur papier coul., rect.*

4 pf. vert, 6 pf. vermillon.

» — *Mêmes types, imp. noire sur papier coul., rect.*

1 silb. rouge vin, 2 sil. bleu, 3 sil. jaune.

1857. — *Mêmes types, imp. coul. sur papier blanc, rect.*

1 silb. rose, 2 sil. bleu, 3 sil. jaune, 4 pf. vert, 6 pf. vermillon.

1er Octobre 1861-1862. — *Nom, armoiries à relief (aigle), imp. coul., ovales.*

1 sil. rose, 2 sil. bleu, 3 sil. bistre, 4 pf. vert (octog.).

2° Enveloppes.

» — *Effigie du roi Frédéric-Guillaume IV, à relief et regardant à droite, imp. coul., les 3 premiers ovales les autres octog.*

1 sil. rose, 2 sil. bleu, 3 sil. jaune, 4 sil. brun, 5 sil. violet, 6 sil. vert, 7 sil. rouge brique.

Nota. — Toutes les valeurs de ces timbres d'enveloppes ont un fil traversant l'estampille ; il y en a également avec la désignation de la valeur en travers de l'enveloppe.

18 Octobre 1861-1862. — *Mêmes types que ceux de la même émission.*

1 sil. rose, 2 sil. bleu, 3 sil. bistre.

Nota. — Les suivants emploient également les timbres de Prusse : Anhalt-Bernbourg (*Duché d'*), Anhalt-Coethem (*Duché d'*), Anhalt-Dessau (*Duché d'*), Birkenfeld (*Principauté de*), Frankenhausen et Schlotheim, Waldeck (*Principauté de*).

ROMAGNE.

GOUVERNEMENT PROVISOIRE.

1859. — *Nom, chiffre indiquant la valeur du timbre, imp. noire sur papier coul., rect.*

1/2 baj. paille, 1 baj. gris, 2 baj. jaune, 3 baj. vert, 4 baj. fauve, 5 baj. violet, 8 baj. rose, 20 baj. bleu.

Nota. — Ces timbres ont été supprimés en avril 1860 et remplacés par ceux actuellement en usage dans le Royaume d'Italie.

RUSSIE (Empire de).

1° Timbres.

1858. — *Armoiries blanches, à relief, imp. coul., rect.*

10 kop. brun centre bleu, 20 kop. bleu centre orange, 30 kop. rouge centre vert.

1859-1862. — *Mêmes types, dentel.*

2° Enveloppes.

1854-1862. — *Armoiries rondes.*

5 et 1 kop. bleu (pour la ville de Saint-Pétersbourg).

» — 1862. — *Armoiries blanches, à relief, rondes.*

10 et 1 kop. noir, 20 et 1 kop. bleu, 30 et 1 kop. rose.

NOTA. — Le prix de l'enveloppe est de 1 kop. selon l'indication du timbre.

FINLANDE.

1° Timbres.

» — *Armoiries (frappés avec un timbre à main), imp. coul., ovales.*

5 kop. bleu, 10 kop. rose.

1860-1862. — *Armoiries dans un encadrement, imp. coul., rect., dentel.*

5 kop. bleu, 10 kop. rose.

2° Enveloppes.

» — *Armoiries dans un ovale, imp. noire.*

20 kop.

POLOGNE.

1° Timbres.

» — 1862. — *Armoiries, blanches, à relief, imp. coul. rect., dentel.*

10 kop. bleu, centre rouge.

2° Enveloppes.

» — 1862. — *Armoiries blanches, à relief, rondes.*

5 kop. bleu (pour la ville de Varsovie).
10 et 1 kop. noir.
Nota. — Ce kop. est le prix de l'enveloppe.

SAXE (Royaume de).

1° Timbres.

Nom, chiffre indiquant la valeur, imp. coul., car.

3 pf. rouge.

Nom, effigie du roi Frédéric regardant à droite, imp. coul. rect.

1/2 neugr. gris, 1 neugr. rose, 2 neugr. bleu, 3 neugr. jaune.
Nota. — Le 2 neugr. varie de nuance.

1854-1862. — *Nom, armoiries dans un encadrement, imp., coul., rect.*

5 pf. vert.

» — 1862. — *Nom, effigie du roi Jean regardant à gauche, imp. noire sur coul., rect.*

1/2 neugr. gris, 1 neugr. rose, 2 neugr. bleu, 3 neugr. jaune.

» — 1862. — *Timbres semblables.*

5 neugr. vermillon, 10 neugr. bleu clair.

Nota. — Le 5 neugr. varie de nuance.

2° Enveloppes.

» — 1862. — *Effigie blanche à relief du roi Jean, regardant à gauche, oval.*

1 neugr. rose, 2 neugr. bleu, 3 neugr. jaune, 5 neugr. violet, 10 neugr. vert.

SUÈDE ET NORWÉGE (Royaume de).

SUÈDE.

1er Juillet 1855. — *Nom, armoiries, imp. coul., rect., dentel.*

3 sk. vert, 4 sk. bleu, 6 sk. gris, 8 sk. jaune, 24 sk. vermillon.

1855-1862. — *Freimarke for Localbreef, imp. noire, dans un encadrement ova. (exclusivement pour la ville de Stockholm), obl.*

1er Juillet 1858-1862. — *Mêmes types.*

5 ore vert, 9 ore lilas, 12 ore bleu, 24 ore jaune, 50 ore brun, 50 ore rouge.

NORWÉGE.

1855. — *Armoiries, imp. coul., rect.*

4 sk. bleu.

1856-1862. — *Effigie du roi, regardant à gauche, imp. coul., dentel.*

2 sk. jaune, 3 sk. lilas, 4 sk. bleu, 4 sk. rouge.

SUISSE.

1° ADMINISTRATION FÉDÉRALE.

1er Octobre 1850. — *Armoiries (croix blanche sur fond rouge), imp. noire sur papier blanc, rect.*

Orts post, 2 1/2 rap. (pour les cantons allemands).
Poste locale, 2 1 2 rap. (pour les cantons français).

» — *Mêmes types, imp. noire sur papier couleur.*

5 rap. bleu foncé, 10 rap. nankin.

» — *Mêmes types.*

5 rap. bleu sur blanc, 10 rap. noir sur orange.

» — *Armoiries (croix blanche sur fond ligné rose), imp. coul. sur papier blanc, rect.*

15 rap. rose (pour les cantons allemands).
15 cent. rose (pour les cantons français).

2° ADMINISTRATIONS CANTONALES.

BALE.

1850. — *Nom (colombe blanche à relief, dans un écusson rouge), imp. noire sur papier blanc et bleu, car.*

2 1/2 rap. stadtpost Basel.

GENÈVE.

1850. — *Nom, armoiries, imp. noire sur papier vert, rect.*

5 cent. port local, 5 cent. port cantonnal.
Nota. — Leur nuance varie beaucoup.

Même type sur papier blanc.

5 cent. vert, port cantonal.

NEUFCHATEL.

1850. — *Croix blanche dans un écusson fond rouge, rect.*

5 cent., poste locale.

VAUD.

1850. — *Croix blanche dans un écusson fond rouge, avec cor de chasse, obl.*

4 cent. noir, 5 cent. noir.

ZURICH.

1850. — *Nom, chiffre indiquant la valeur, imp. noire sur papier blanc, rect.*

Local taxe, 4 cent.
Cantonal taxe, 6 cent.

———

Octobre 1854-1862. — *Déesse de la liberté, à relief, imp. coul., rect.*

5 rap. brun, 10 rp. bleu, 15 rp. rose, 20 rp. jaune, 40 rp. vert.

Juin 1855-1862. — *Même type.*

1 fr. gris perle.

Nota. — La nuance des timbres de 1854 et 1855 est très variée.

———

TOSCANE (Grand-duché de).

(Voir Royaume d'Italie).

» — *Nom, armoiries (lion), imp. coul. sur papier blanc et sur papier bleuté, rect.*

1 quatrini noir, 1 soldo jaune, 2 soldi brique, 1 crazia rouge, 2 cr. bleu clair, 4 cr. vert, 6 cr. bleu foncé, 9 cr. brun, 60 cr. rouge-brun.

GOUVERNEMENT PROVISOIRE.

1859. — *Nom, armoiries (croix de Savoie), imp. coul.
sur papier blanc, rect.*

1 cent. violet, 5 cent. vert, 10 cent. brun, 20 cent.
bleu, 40 cent. rouge, 80 cent. chair, 3 lire jaune d'or.

Nota. — La nuance de tous ces timbres est fort variée.

WURTEMBERG (Royaume de).

» — *Nom, chiffre indiquant la valeur du timbre, imp.
noire, car.*
1 k. paille, 3 k. jaune, 6 k. gros bleu, 9 k. rose, 18 k.
pensée.

» — *Même type.*
6 k. vert.

» — 1862.—*Armoiries, imp. noire sur papier blanc, car.*
Commission für retourbriefe.

Nota. — Timbre de nulle valeur employé pour les lettres
en retour.

» — *Armoiries blanches, à relief, imp. coul., car.*
1 kr. bistre, 3 k. orange, 6 k. vert, 9 k. rose, 18 k. bleu.

» — 1862. — *Timbres semblables dentelés.*

ASIE.

A S I E.

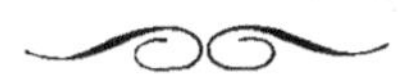

CEYLAN (île de).

(Possession anglaise).

1° Timbres.

1857-1862. — *Nom, effigie à gauche de la reine Victoria,
imp. coul., rect.*

1/2 penny lilas (sur papier glacé), 1 p. bleu, 2 p. vert,
5 p. brun clair, 6 p. brun violet, 10 p. rouge brique,
1 sch. pensée.

» — 1862. — *Timbres semblables, imp. coul., octog.*

4 pence rouge, 8 p. marron clair, 9 p. brun, 1 sch.,
9 p. vert, 2 sch. bleu.

» — 1862. — *Timbres semblables dentelés.*

2° Enveloppes.

» — 1862. — *Nom, effigie blanche, à relief, de la reine
Victoria regardant à gauche, imp. coul., ovale.*

1 penny bleu.

» — 1862. — *Timbres semblables, octog.*

4 p., 5 p., 6 p., 8 p. marron, 9 p. violet, 1 sch., 9 pence
vert.

INDES ORIENTALES.

(Possessions anglaises).

1° Timbres.

1854. — *Nom, effigie à gauche de la reine Victoria, imp. coul., rect.*

1/2 anna rouge.

» — *Timbres semblables.*

1/2 anna bleu, 1 a. rouge, 2 a. vert.

» — *Nom, effigie de la reine Victoria, imp. coul., octog.*
4 anna rouge, effigie bleue.

» — 1862. — *Nom, effigie de la reine Victoria, regardant à gauche, imp. coul. sur papier glacé, rect., dent.*

1/2 anna bleu, 1 a. brun, 2 a. jaune, 4 a. noir, 8 a. rose.

» — 1862. — *Timbre semblable.*

2 anna rose (en remplacement du 2 a. jaune).

» — 1862. — *Timbre semblable avec un encadrement octog.*

8 pies. violet.

2° Enveloppes.

» — 1862. — *Nom, effigie à relief de la reine Victoria regardant à gauche, imp. coul., rondes.*

1/2 anna bleu, 1 a. brun.

Office particulier.

Smith Elder et Cie. — Enveloppes.

» — 1862. — *Effigie à relief de la reine Victoria, imp. coul., oval.*

1 penny rose.

AFRIQUE.

AFRIQUE.

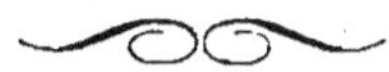

CAP DE BONNE-ESPÉRANCE.

(Possession anglaise.)

» — *Nom, déesse (Britannia), imp. coul. sur papier bleuté, triangulaires.*

1 penny brique, 4 p. bleu, 6 p. lilas, 1 sch. vert.

Nota. — La nuance de ces timbres est fort variée.

1861-1862. — *Timbres semblables sur papier blanc.*

1 penny brique, 4 p. bleu.

LIBERIA (République de).

» — 1862.— *Nom (déesse de la liberté), imp. coul., rect., dentel.*

6 cents rouge, 12 c. bleu, 24 c. vert.

MAURICE (Ile).

(Possession anglaise.)

1° Timbres.

» — 1857. — *Nom (déesse assise), sans indication de valeur, imp. coul., rect.*

Rouge, vert, violet.

» — *Timbres semblables avec indication de valeur, imp.
à la main, en travers du timbre, rect.*

4 pence vert, 8 p. violet

1858 — » — *Nom, effigie à gauche de la reine Victoria,
imp. coul., rect.*

1 penny rouille, 2 p. bleu.

» — *Timbres semblables, effigie plus petite et presque
invisible. imp. coul., rect.*

1 penny rouille, 2 p. bleu.

» — *Nom, effigie à gauche de la reine Victoria, entou-
rage grec, imp. coul., rect.*

1 penny rouge, 2 p. bleu.

» — 1862. — *Nom, effigie à gauche de la reine Victoria,
imp. coul. sur papier glacé, rect., dentel.*

1 penny brun, 2 p. bleu, 4 p. rose, 9 p. lilas.

» — 1862. — *Nom (déesse assise), avec indication de
valeur, imp. coul., rect.*

6 pence bleu, 1 sch. vermillon.

2° Enveloppes.

» — 1862. — *Nom, effigie à relief de la reine Victoria,
imp. coul., ova.*

6 pence gris, 9 p.

NATAL.

(Possession anglaise.)

1° Timbres.

» — 1857. — *Nom (couronne au milieu), à relief, sur
papier coul., rect.*

1 penny jaune, 2 p. bleu, 3 p. rose, 6 p. vert, 9 p.
, 1 sch. café au lait.

» — **1862.** — *Nom, effigie à gauche de la reine Victoria,
imp. coul., rect., dentel.*

1 penny rouge, 3 p. bleu, 6 p.

2° Enveloppes.

» — **1862.** — *Nom, effigie à gauche de la reine Victoria.
imp. coul., ovale.*

4 pence

SAINTE-HÉLÈNE (Ile de).

(Possession anglaise.)

» — *Nom, effigie à gauche de la reine Victoria, imp.
coul., rect.*

6 pence bleu.

» — **1862.** — *Timbre semblable, dentel.*

SIERRA-LEONE (Sénégambie).

(Possession anglaise.)

6 pence violet.

AMÉRIQUE.

AMÉRIQUE.

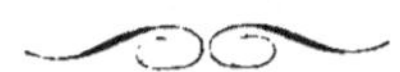

BAHAMAS (îles), ANTILLES.
(Possession anglaise).

1861-1862. —
1 penny,   , 4 p.   .

BARBADE (île), ANTILLES.
(Possession anglaise.)

» — *Nom (déesse assise), sans indication de valeur,
imp. coul., sur papier bleuté, rect.*

Rouge brique.

» — *Timbres semblables sur papier blanc.*

Rouge brique, bleu, vert, noir bleuté.

» — 1862. — *Timbres semblables avec indication de
valeur.*

6 pence rouge, 1 sch. noir bleuté.

BRÉSIL (empire du).

» — *Grands chiffres droits dans un ovale indiquant
leur valeur, imp. noire, car.*

30 reis, 60 r., 90 r.

» — *Chiffres italiques indiquant leur valeur*, imp. noire, oblongs.

10 reis, 30 r., 60 r., 90 r., 180 r., 300 r., 600 r.

» — 1862. — *Chiffres droits indiquant leur valeur, imp. noire, oblongs.*

10 reis, 20 r., 30 r., 60 r., 90 r., 180 r., 300 r., 600 r., 800 r., 1200 r.

» — 1862. — *Timbres semblables, imp. en bleu* (pour les journaux).

10 reis, 30 r.

1861-1862. — *Timbres semblables, vermillon.*

280 reis, 450 r.

BUÉNOS-AYRES.

(Voir Confédération Argentine).

» — *Nom (vaisseau), imp. coul., oblongs.*

1 peso bleu, 2 p. bleu, 4 p. rouge, 5 p. brun.

» — 1862. — *Nom (tête de la liberté), imp. coul., obl.*

1 peso bleu, 2 p. rouge, 4 réals vert (sur papier bleuté).

Nota. — Buénos-Ayres est une province de la Confédération Argentine..

CANADA

(Possession anglaise).

1° Timbres.

Nom, effigies diverses, imp. coul., rect.

1/2 penny rose (reine Victoria à gauche), 3 p. vermillon (castor), 6 p. noir (prince Albert à droite), 6 p. sterling, vert (reine Victoria à gauche), 10 pence bleu (Christophe Colomb à droite).

» — *Timbres semblables, dentel.*

» — *1862.* — *Timbres semblables, dentel.*

1 cent. rose, 5 c. vermillon, 10 c. noir, 12 1/2 c. vert, 17 c. bleu.

2° Enveloppes.

» — *1862.* — *Effigie blanche, à relief, de la reine Victoria regardant à gauche, imp. coul., ovales.*

3 cents vermillon, 10 c. marron.

CHILI (République du).

» — *1862.* — *Nom , effigie regardant à gauche, imp. coul.. rect.*

5 centavos rouge, 10 cent. bleu.

NOTA. — Les couleurs en sont fort variées.

COLOMBIE ET ILE DE VANCOUVER.

(Possession anglaise).

» — *1862.* —   *Imp. coul.*

1/2 penny   , 2 p.   , 2 1 2 p. rose.

CONFÉDÉRATION ARGENTINE.

ou

Rio de la Plata (Provinces unies de).

» — *1862.* — *Nom (soleil à l'horizon), imp. coul., rect.*

5 centavos vermillon, 10 cent. vert, 15 cent. bleu.

CONFÉDÉRATION GRENADINE.

» — *Nom, armoiries, imp. coul., rect. avec coins coupés.*

5 cent. lilas, 10 c. brun, 20 c. bleu.

» — *1862.* — *Timbres semblables avec bordures et cercles plus larges.*

5 cent. lilas, 10 c. brun, 20 c. bleu.

ILES DE CUBA ET DE PORTO-RICO (ANTILLES).

(Possessions espagnoles).

1855. — *Effigie à droite de la reine, dans un cercle,
imp. coul. sur papier bleuté, rect.*

1/2 réal plata bleu, 1 r. p. vert, 2 r. p. brique, 2 r. p.
café au lait.

NOTA. — Sur le 2 r. p. brique se trouve imprimé à la main
Y 1/4.

1856. — *Timbres semblables sur papier vergé blanc.*

1857-1862. — *Timbres semblables sur papier mécanique
blanc.*

ÉTATS-UNIS D'AMÉRIQUE.

» — *Nom (U. S. en haut du timbre), imp. coul., rect.*
5 cents bronze (*effigie de Franklin à gauche*), 10 cents
noir (*effigie de Washington à droite*).

» — *Nom (aigle) en haut U. S. P. O. dispatch, imp.
coul., oblong.*
1 cent. pre-paid bleu.

» — *Government city dispatch (Courrier), imp. coul., obl.*
1 cent. noir, 1 c. rose.

» — *Nom en haut, U. S. effigies diverses, imp. coul.,
rectangulaires.*
1 cent. bleu regardant à droite, 3 c. rouge (à gauche),
5 c. brun (à droite), 10 c. vert *avec 13 étoiles* (à gauche),
12 c. noir (à gauche).

1857. — *Timbres semblables dentelés.*

» — *Timbre semblable non dentelé.*

10 cent. bleu *avec 13 étoiles*, même effigie que le 10
et 12 cent. plus haut.

1860. — Nom, effigies diverses, imp. coul., rect. dentel.

24 cents lilas (à droite), 50 c. jaune (à gauche), 90 c. bleu (à gauche).

*1861-1862. — Nom, U. S. au bas du timbre, imp. coul.,
rect. dentel.*

1 cent. bleu (à droite), 3 c. rouge (à gauche), 5 c. jaune brun (à gauche), 10 c. vert *avec 13 étoiles* (à gauche), 12 c. noir (à gauche), 24 c. lilas *avec 13 étoiles* (à droite), 90 c. bleu (à gauche).

2° Enveloppes.

» — *Effigie à gauche, imp. sur papier jaune, gr. ovale.*
5 cents vermillon, 6 c. vert, 10 c. vert.

» — *Timbres semblables sur papier blanc.*

1860. — Effigie à gauche (avec une étoile de chaque côté du timbre), *imp. coul. sur papier jaune pet. ova.*
1 cent. bleu, 3 c. vermillon, 10 c. vert.

» — *Timbres semblables sur papier blanc.*

*1861-1862. — Effigies diverses à gauche. à relief, imp.
coul. sur papier jaune, ova.*

1 cent. bleu foncé (à droite), 3 c. rouge, 6 c.   ,
10 cent. vert.

1861-1862. — Timbres semblables sur papier blanc ova.

*1861-1862. — Effigies diverses à gauche, à relief, imp.
en 2 coul. sur papier jaune ova.*

12 cents brun et rouge, 20 c. bleu et rouge, 24 c. vert et rouge, 40 c. rouge et noir.

1862-1862. — Timbres semblables sur papier blanc.

Offices particuliers.

American express compagny postage : 2 c. paid.
Avenue 8 th. post office, paid. rouge sur blanc, car.

Baltimore : *Graffins dispatch* (colonne) : 1 cent. noir, rect.

Bank et insurance city post (coffre fort) : noir sur blanc, noir sur jaune, carmin sur blanc, rect.

Boston : *Chewert towle, 7 state str. city letter delivery* (lettres éparpillées) : 2 cents, bleu, rond.

» — *Hale et C°* (lettres éparpillées), bleu, octog.

Boyce's city express post : 2 cents, noir sur vert, ova.

Boyd's city express post (aigle) : 1 cent noir sur lilas, 1 c. noir sur vert bouteille, 2 c. noir sur vermillon, 2 c. doré sur rouge, 2 c. doré sur blanc, 2 c. noir sur vert, 3 c. noir sur vert (papier glacé) ova., 2 c. rouge sur blanc, ova.

*Brady et C*ie : 1 cent.

Broad-way post office (remorqueur) : noir sur blanc, oblong.

Brooklyn city express post (colombe) : 2 c. noir sur amaranthe, ovale.

Browne et C° city post (chiffre dans un ovale) : 1 cent, 2 c. imp. noire, rect.

Carriers dispatch : 1 cent rose, oblong.

City dispatch post : imp. noire sur papier glacé (buste de face), *vert :* 2 cents C. C.

*C*ie *franco-américaine :* Gauthier frères et C*ie (vaisseau) : rouge brique, oblong.

East River P. O. (bateau à vapeur) : noir sur papier glacé vert, petit oblong.

Essex letter express : 2 cents.

Floyd's penny post (effigie à gauche) : noir, bleu, rect.

Gordon's city express (facteur) : 2 cents imp. noir sur papier glacé vert.

Honour's city post : noir sur gris, petit oblong.

Hussey's bank et insurance notice delivery office : 1 cent.

Messenkope union square post office.

M. intire city express post (Mercure) : 2 cents carmin.

New-York : *Post office :* 5 cents noir.

»   *Union square,* p. o. *to the mail* (petit écusson) : 1 cent noir sur vert, 1 cent noir sur rose.

»   Metropolitan : *Ferrand et Carrier* (gr. écusson) : 1 c., 5 c., 10 c., 20 c. rouge.

» — *Timbres semblables, double face :* 1 c., 5 c., 10 c., 20 c. bleu.

» — *Timbre semblable, à relief :* 2 c. rouge.

» — P. o. 13 *american bible house* (lettres blanches à relief), rouge, octog.

» — P. o. *express to mail* W. H. *L'aws* p. m. (petit écusson, lettres à relief) : 1 cent. rouge.

New-Jersey : *Express* C⁰ (tête de cheval à relief) : vert sur jaune, envel. ovale.

Philadelphie : *Blood's penny post :* doré sur gris, doré sur glacé noir, bleu sur gris.

» — *Rochersper et* Cᵘ; *Blood's penny post* (effigie à gauche) : imp. noire, rect.

» — (Enveloppe). Même inscription, rouge sur jaune, ronde.

» — *Teese et* C⁰, *penny post* bleu sur papier bleuté, petit oblong.

Post office dispatch : 1 cent bleu sur blanc, petit obl.

Price's city express post : 2 cents.

Russell post office 8 *th. ave.* (effigie à droite) : noir sur vert clair, octog.

Smith's city express post : 2 c. paid.

Squier et cos city letter dispatch (colombe) : 1 cent rose, 1 cent vert, rect.

Steam Packet office, sir Walter Ralleigh (vaisseau), *imp. blanche, à relief, ova.*

Steinmeyer's city post paid : 2 cents noir sur rose, 2 c. noir sur jaune, petit obl.

Swarts city dispatch (tête de face Chatham).

Id.	Vermillon sur blanc, rect.
Id.	(effigie à gauche), rouge, rect.

Warwick's city dispatch (de petite dimension).

	2 cents carmin, 2 c. jaune.
Id.	(grande dimension).
	2 c. jaune.

Washington : *City dispatch* (courrier), *rect.* 1 cent lilas.

Weels Fargo et C⁰ : pony express (cavalier). 1 dollar rouge, 2 d. rouge, 4 d. vert, rect.

GRENADE (ile de) (ANTILLES).

(Possession anglaise).

» — 1862. — *Nom, effigie à droite de la reine Victoria, imp. coul., rect., dentel.*

1 penny vert, 6 p. rouge.

GUIANE.

(Possession anglaise).

1853 à 1859. — *Nom, armoiries (vaisseau), imp. coul. avec millésime 1853, rect.*

4 cents bleu.

1860-1862. — *Timbres semblables avec millésime 1860, dentel.*

1 cent rose, 2 c. orange, 4 c. bleu, 8 c. chair, 12 c. gris perle, 24 c. vert.

JAMAIQUE (ile de la) (ANTILLES).
(Possession anglaise).

1861-1862. — *Nom, effigie à gauche de la reine Victoria, imp. coul. sur papier glacé, rect., dent.*

1 penny bleu, 2 p. rose, 4 p. orange, 6 p. lilas, 1 sch. brun.

ILE DE LUÇON (PHILIPPINES).
(Possession espagnole).

1854 et 1855. — *Effigie de la reine, imp. coul., rect.*

Correo interior : sans indication de valeur.
6 cuartos, 1 réal.

» — *Effigie de la reine regardant à droite, dans un cercle, imp. coul. sur papier blanc, rect.*

Correo interior : 5 cuartos rouge.

MEXIQUE (République du).

Nom, effigie à gauche du Président, imp. coul., rect.

1/2 réal bleu, 1 r. jaune, 2 r. vert, 4 r. rouge, 8 r. violet.

1861-1862. — *Timbres semblables, imp. coul., rect.*

1 2 réal noir sur chamois, 1 r. noir sur vert, 2 r. noir sur lilas, 4 r. rouge sur jaune, 8 r. vert sur rose.

NEVIS (ANTILLES).

(Possession anglaise).

1861-1862. —
1 p., 4 p., 6 p., 1 sch.

NOUVEAU BRUNSWICK.

(Possession anglaise).

» — *Nom, fleurs et couronne au milieu, imp. coul.
diamant.*
3 pence rouge brique, 6 p. jaune, 1 sch. violet.

» — *1862. — Nom, imp. coul., rect., dentel.*
1 cent (ch. de fer) gris, 5 c. (reine à gauche) vert,
10 c. (reine à gauche) vermillon, 12 1/2 c. (bateau à vapeur) bleu, 17 1/2 c. (prince de Galles) noir.

Nota. — Le 1 cent et 12 1/2 c. sont obl.

NOUVELLE ÉCOSSE.

(Possession anglaise).

*Nom, effigie à gauche de la reine Victoria, imp. coul.
carré.*
1 cent brun rouge.

Nom, fleurs et couronne au milieu, imp. coul. diamant.
3 cents bleu, 6 c. vert, 1 sch. violet.

1862. — *Nom, effigie à gauche de la reine Victoria,
imp. coul., rect, dentel., le 10 et 12 1/2 c. effigie de
face.*
1 cent noir, 5 c. bleu, 8 1/2 c. vert, 10 c. rouge,
12 1/2 c. noir.

PÉROU (République du).

1862. — *Armoiries, imp. coul., carrés.*

1 dinero bleu, 1/2 peso jaune, 1 peseta rouge.

Nota. — Les dimensions d'inscription et la couleur de ces timbres diffèrent beaucoup.

PRINCE ÉDOUARD (île du).
(Possession anglaise).

1862. — *Nom, effigie à gauche de la reine Victoria, dans un cercle, imp. coul., rect., dentel.*

1 penny abricot, 2 p. rouge, 3 p. bleu, 6 p. vert, 9 p.

SAINTE-LUCIE (île) ANTILLES.
(Possession anglaise).

1862. — *Nom, effigie à gauche de la reine Victoria, imp. coul., rect., dentel.*

Rouge, bleu, vert.

Nota. — La valeur du timbre rouge est de 1 penny, le bleu 4 p. et le vert 6 p.

SAINT-THOMAS (île) ANTILLES.
(Possession danoise).

» — 1862. — *Armoiries, imp. coul., carré.*

3 cents rouge.

SAINT-VINCENT (île) ANTILLES.
(Possession anglaise).

Nom, effigie à gauche de la reine Victoria, imp. coul., rect.

1 penny rouge, 6 p. vert.

1862. — *Timbres semblables, dentel.*

4

TERRE NEUVE.

(Possession anglaise)

» — 1862. — *Noms (fleurs et couronne au milieu), imp. coul., carré.*

1 penny brun, 5 p. brun violet.

» — 1862. — *Noms (fleurs au milieu dans trois cercles qui se joignent et forment le triangle), imp. coul., triangulaire.*

3 pence vert.

» — 1862. — *Nom (bouquet de fleurs au milieu), imp. coul., rect.*

1/2 penny, 2 p., 4 p., 6 p., 6 1 2 p., 8 p., 1 sch. rouge.

Nota. — Ces timbres étant de même nuance, ne diffèrent entre eux que par le dessin.

TRINITÉ (île de la) ANTILLES.

(Possession anglaise).

»—*Nom (déesse assise) presque invisible, imp. coul., rect.*

Gris (sans indication de valeur).

» — *Nom, timbre semblable sur papier bleuté, imp. coul., rect.*

Rouge (sans indication de valeur).

» — *Nom, timbres semblables sur papier blanc, imp. coul., rect.*

Rouge, bleu, vert, noir bleuté (sans indication de valeur).

» — *Nom, timbres semblables avec indication de valeur, imp. coul., rect.*

4 pence pensée, 6 p. vert, 1 sch. noir bleuté.

» — 1862. — *Timbres semblables, dentel.*

» — **1862**. — *Timbre semblable sans indication de valeur, imp. coul., dentel.*

Rouge.

URUGUAY (République orientale de l').
(MONTEVIDEO).

» — **1862**. — *(Soleil dans un cercle), imp. coul., rect·*

60 centesimos brun, 80 c. vermillon, 100 c. carmin, 120 c. bleu, 180 c. vert, 240 c. rouge.

VENEZUELA (République de).

1859-1862. — *Nom, armoiries, imp. coul., rect.*

1/2 réal jaune, 1 r. bleu, 2 r. rouge.

1862. — *Timbres semblables sur papier bleuté.*

OCÉANIE.

OCÉANIE.

AUSTRALIE DU SUD.

(Possession anglaise).

» — 1862. — *Nom, effigie à gauche de la reine Victoria, imp. coul., rect.*

1 penny vert, 2 p. brique, 6 p. bleu, 1 sch. orange.

» — 1862. — *Nom, effigie à gauche de la reine Victoria, (plus petit), imp. coul., rect.*

9 pence gris.

NOTA. — La nuance de ces timbres varie beaucoup.

AUSTRALIE OCCIDENTALE.

(Possession anglaise).

Nom (Cygne), imp. coul. sur papier blanc.

1 penny noir (obl.), 2 p. chocolat clair (octog.), 4 p. bleu (octog.), 6 p. bronzé (octog.), 1 sch. marron (ova.).

» — 1862. — *Timbres semblables, rect., dentel.*

1 penny rouge, 2 p. orange, 4 p., 6 p. pensée, 6 p. vert.

HAWAIEN (Royaume).

(Iles Sandwich).

HONOLULU.

» — 1862. — *Nom, chiffre indiquant la valeur, imp. coul., rect.*

2 cents noir, 2 c. bleu.

» — *1862. — Nom, effigie de face, imp. coul., rect.*
Hawaïan postage, 2 cents rouge.
 »   **Island**, 5 cents bleu.
 »   13 cents rouge (Haw. 5 c. U. S., 8 c.).

NOUVELLE CALÉDONIE.

(Possession française).

1860-1862.—*Nom, effigie de l'empereur, imp. coul., rect.*
10 cent. gris.
Nota. — La nuance varie beaucoup.

NOUVELLES GALLES DU SUD.

(Possession anglaise).

» **(Vue de Sidney dans un écusson)** avec ces mots :
 (Sigillum Nov. Camb. Aust.), *imp. coul., rect.*
1 penny rouge, 2 p. noir, 3 p. vert.

  » — *Timbre semblable.*
2 pence bleu.

» — *Nom, effigie à gauche de la reine Victoria* (avec
couronne de lauriers), *imp. coul. sur papier bleuté,
rect.*
1 penny rouge, 2 p. bleu, 3 p. vert, 6 p. brun, 8 p·
jaune.

  » — *Timbres semblables sur papier blanc.*
» — *Nom, effigie à gauche de la reine Victoria* (avec
diadême), *imp. coul., rect.*
1 penny rouge vif, 2 p. bleu, 3 p. vert.

  » — *1862. — Timbres semblables dentel.*

» — *Nom, effigie à gauche de la reine Victoria* (avec diadême), *imp. coul., car.*

5 pence vert, 6 p. gris vert, 8 p. orange, 1 sch. rouge.

» — *1862. — Timbres semblables, dentel.*

6 pence violet, 1 sch. carmin.

» — *1862. — Nom, effigie à gauche de la reine Victoria, imp. coul., rond.*

5 sch. violet.

» — *Nom, effigie à gauche de la reine Victoria* (avec couronne de lauriers), *imp. en 2 coul. ova.*

Registered : Rouge et bleu, jaune et bleu.

» — *Timbre semblable, dentel.*

Registered : Jaune et bleu.

Nota. — La nuance de tous ces timbres varie beaucoup.

NOUVELLE ZÉLANDE.

(Possession anglaise).

» — *Nom, effigie à gauche de la reine Victoria, imp. coul. sur papier bleuté, rect.*

1 penny brique, 2 p. bleu, 1 sch. vert.

» — *1862. — Timbres semblables sur papier blanc.*
1 penny vermillon, 2 p. bleu, 6 p. brun, 1 sch. vert.

QUEENSLAND.

(Possession anglaise).

» — *1862. — Effigie à gauche de la reine Victoria, imp. coul., rect., dentel.*

1 penny rouge, 2 p. bleu, 3 p. brun, 6 p. vert, 1 sch· noir bleuté.

Registered : Maïs.

VAN DIEMEN (terre de).

(Possession anglaise).

» — *Nom, effigie à droite de la reine Victoria, imp. coul., rect.*

1 penny bleu pâle (effigie assez petite).

» — *Nom, timbre semblable octog.*

4 pence orange.

» — 1862. — *Nom, effigie à gauche de la reine Victoria, imp. coul., rect.*

1 penny rouge, 2 p. vert, 4 p. bleu.

(Avec les mots TASMANIA).

» — 1862. — *Nom, timbres semblables, octog.*

6 pence violet, 1 sch. rouge.

VICTORIA.

(Possession anglaise).

» — *Nom* (buste de la reine Victoria), *imp. coul., rect.*

1 penny rose, 2 p. cendre, 3 p. bleu.

» — *Timbre semblable dentel.*

3 pence bleu.

Nota. — La nuance de ces timbres varie beaucoup.

» — (Reine sur un trône), *imp. coul., rect.*

2 pence (*pour la ville de Melbourne*).

» — *Nom* (reine sur un trône), *imp. coul., rect.*

1 penny vert, 6 p. bleu.

» — *Nom* (effigie à gauche de la reine Victoria), *imp. coul., rect.*

1 penny vert, 2 p. lilas, 4 p. brique, 6 p. jaune, 1 sch. bleu, 2 sch. vert.

» — 1862. — *Timbres semblables dentel.*

» — 1862. — *Nom, effigie à gauche de la reine Victoria,*
imp. en 2 coul., rect.

Too late : 6 pence violet et vert.

Registered : 1 sch. rose et bleu.

« — 1862. — *Nom, effigie à gauche de la reine Victoria,*
(avec valeur de chaque côté), *imp. coul., rect., dentel.*

3 pence bleu, 4 p. rose, 6 p. jaune.

» — 1862. — *Timbre semblable.*

6 pence noir.

PACIFIC STEAM NAVIGATION COMPANY.

» — 1862. — *Nom* (Vaisseau dans un ovale), *imp.*
coul., obl.

1/2 oz. réal bleu,

1 oz. réal rouge.

Nota. — Ces timbres s'emploient pour les lettres envoyées
par Paquebot-post entre les divers ports de mer, sur le côté du
Pérou, Chili, etc.

TABLE DES MATIÈRES.